A Kalmus Classic Edition

Gabriel

FAURÉ

ROMANCES SANS PAROLES

(Songs Without Words)

Opus 17

FOR PIANO SOLO

K 03435

Kalmus

ROMANCE SANS PAROLES No. 1

Andante quasi Allegretto

GABRIEL FAURE, Op. 17 No. 1

mf
p
sempre legato
cresc.
f sempre
f
dimin.
ritard.
dolciss.
a tempo
pp
Ped.
Ped.

pp
poco a poco cresc.
f
sempre f
espressivo
dimin.
perdendosi e rall.
a tempo
ppp
Ped.

ROMANCE SANS PAROLES No. 2

Allegro molto GABRIEL FAURE, Op. 17, No. 2

cresc.
p
cresc.
f
p
molto cresc.
f sempre

8
p
cresc.
f

pp
cresc.
p
cresc.
f
p

molto cresc.
f
sempre f
p

cresc.
f
8
p
pp
sempre p
8

ROMANCE SANS PAROLES No. 3

GABRIEL FAURE, Op. 17, No. 3

p
mf
più dolce
poco rit.
a tempo
dolcissimo
3

cresc.
molto
f
dim.
p
pp
pp
sempre dimin. sin'al Fine
poco rit.
ppp

Kalmus